혼자도 감사입니다

박춘임 열두 번째 울림

문학공원 시선 269

혼자도 감사입니다

박춘임 열두 번째 울림

문학공원

여는 말

못자리에서 홀로 나와
묏자리를 향해 홀로 돌아갈 때까지
한사람의 인생에는 수많은 이름이 붙는다
한편 붙여진 이름에 따라 역할도 많아지면서
그것이 자신의 정체성이라 여기며 살아가는 것이 인생이다
하지만 "나는 누구인가"의 존재로 돌아오는 길은 늘 내 안에 있었다

나이 들어 생각이 성숙해지면서
비로소 자신과 진지하게 마주할 수 있는
고요한 틈을 가져보니
그 안에 진정한 내가 들어 있다는 것도 발견하게 되었다

시작과 끝이 혼자인 것처럼
혼자 있는 시간은 외로움이나 고립이 아니라
자신에게 충실할 수 있는 삶으로 옮겨가는 것이다
한편 모든 각자가 각자에 충실하고 행복할 때
가장 역동적이며 평화로운 세상이 될 것이다

여기에
진정한 나를 만나 감사가 깊어지는 순간들을 모아보았다
그리고
혼자도 감사가 되어 준 소소한 삶의 이야기를 꺼내어 담는다

2025년 여름

지은이

<추천의 글>

자립할 수 있는 환경에 대한 감사

김 순 진(문학평론가 · 스토리문학 발행인)

박춘임 작가가 여는 말에서 말한 것처럼 인생은 누구나 혼자다. 양들이 초원에서 떼 지어 풀을 뜯고 있지만, 모두 제 입에 풀을 뜯어 넣는다. 강가에는 장마 때 떠내려온 자갈들이 모여 있는 자갈밭이 있지만, 그것은 여러 개의 단위를 뭉뚱그려서 말할 때 자갈밭이라는 표현을 할 뿐, 사실은 모두 하나하나의 객체로 살고 있다. 코스모스밭에 군락을 이루어 핀 코스모스들은 모두 각자 다른 키와 꽃받침의 크기, 색깔 농도의 다르기로 피어난다. 말하자면 그것을 구성하는 성분은 모두 다르다. 문양이 다르고 색깔이 다르며 모양과 크기가 서로 다르다. 그런 것을 우리는 뭉뚱그려서 양떼와 코스모스밭, 자갈밭이라 표할 뿐이다.

박춘임 작가가 말하는 혼자는 결국 공동체 개념 안에서 독립적으로 살아가는 혼자를 말한다. 자갈밭에 있는 조약

돌 하나로서의 혼자가 박춘임 작가가 말하는 혼자다. 그리고 그 조약돌은 자갈밭이라는 구성단위의 한 객체로서 함께 할 수 있음에 감사하게 되는데, 이는 곧 인생이라는 구성단위의 한 개인으로서 함께 할 수 있음에 감사하는 것과 일맥상통한다.

그래서 그녀는 이 시집을 크기 일곱 단락으로 구분을 지어 "제1부. 시인만 아는 이야기, 제2부. 다시 혼자가 되다, 제3부. 꽃등 하나 켜다, 제4부. 아픔도 위로도 내 몫이었다, 제5부. 힘 빼고 살면 행복하다, 제6부. 심장을 태우는 꽃, 제7부. 조용한 애국"이란 부제를 달아 "혼자도 감사입니다"란 명제가 얼마나 타당한지에 대해 독자를 이해시켜 나간다.

말하자면 박춘임 시인의 시는 『혼자서도 감사입니다』란 한 인간의 깨달음이란 대명제 아래 왜 감사해야 하는지, 무엇이 감사한 것인지, 그리고 그 감사함을 깨달은 사람은 어떤 마음가짐으로 어떻게 처신해야 하는지에 대하여 자연과 삶을 객관적상관물로 삼아 시적으로 개괄하고 영적으로 귀납하며, 스스로 그 내면의 아우라를 형성하고 있다.

다시 말하면 박춘임 시인이 이 시집에서 혼자서 자립할 수 있는 환경에 대한 감사한 마음을 역설하고 있는 것이다.

여는 말 … 4
추천의 글 / 김순진 … 6

제1부
시인만 아는 이야기

마음 달램 … 16
시를 쓰는 이유 … 17
머리하는 시인 … 18
나로 인하여 … 19
시인의 이야기 … 20
시인의 가슴 … 21
시인의 시심 … 22
야누스의 시인 … 23
시인의 길 … 24
시인만 아는 이야기 … 25
일상은 시가 되어 … 26
나다운 삶 … 27
등대가 되어 … 28
내 하나의 영혼 … 29

제2부
다시 혼자가 되다

나의 향기 … 32
나는 등꽃이었어 … 33
불현듯 혼자일 때 … 34
세상의 주인 … 35
벤치의 역사 … 36
나를 끌어안고 … 38
백 가지의 감사 … 39
내가 뜨거운 순간 … 40
내 삶의 기준 … 41
비우고 채우고 … 42
그 여자의 행복 … 44
내가 나를 만났을 때 … 46
내 이름 석 자 … 47
나에게 쓰는 편지 … 48
나를 사랑하며 … 50
상 남자 … 51
다시 혼자가 되다 … 52

제3부
꽃등 하나 켜자

혼토이즘 … 54
혼놀로그 … 55
혼운 … 56
혼커 … 57
혼코노 … 58
혼쇼 … 59
혼밥과 따밥 … 60
혼밥 … 61
내 안의 자유 … 62
여유 … 63
꼬투리 인생 … 64
상추꽃의 임종 … 66
비트 차 한 잔 앞에 놓고 … 67
멍때리기 예찬 … 68
하늘의 빛깔 … 69
나이테 그으며 … 70
혼자가 아닙니다 … 71
혼자 노는 법 … 72
혼잣말 … 73
세월과 동행하는 일 … 74
빈틈 그리고 쉼 … 75
인연 … 76
꽃시절 … 77
꽃등 하나 켜자 … 78

제4부
아픔도 위로도 내 몫이었다

셀프 효도 … 80
그리움에 관하여 … 81
화이트데이 … 82
부모 빽 … 83
돌아온 감사 … 84
끄덕끄덕 … 85
아픔도 위로도 내 몫이었다 … 86
셀프 스토리 … 88
천만 배의 행복 … 89
숙성된 그리움 … 90
내리사랑 … 91
자식의 행복 … 92
어머니의 꽃 … 93
벽화마을 속 옛집 … 94
한 줌 햇살에 대한 감사 … 95
젊은 아들에게 … 96
아들의 쓸쓸함은 내 삶의 의미가 되어 … 98
또다시 유월 … 99

제5부
힘 빼고 살면 행복하다

흔들리고 싶다 … 102
숨겨진 은혜 … 103
당신은 알고 계십니까 … 104
사람아, 사람아 … 105
화두(話頭) … 106
감사 … 107
비움에 관하여 … 108
돌아온 초심 … 109
섬 이야기 … 110
하양의 모태 … 111
돌멩이의 향기 … 112
잘려 나간 영혼 … 113
힘 빼고 살면 행복하다 … 114
한순간의 꿈 … 115
실 같은 인생 … 116
내 안의 자물쇠 … 117
생의 향기 … 118
내 역사가 되는 것 … 119

제6부
심장을 태우는 꽃

시절에 대한 미련 … 122
몽돌이 품은 세상 … 123
아왜나무 위 새소리가 그립다 … 124
세월 … 125
단풍의 자서전 … 126
벚꽃이 질 때는 서럽지 않네 … 127
심장을 태우는 꽃 … 128
남자의 언어 … 129
욕심, 그대만 빠져주면 … 130
비밀을 먹는다 … 131
가을을 배웅하며 … 132
청춘의 소통 … 133

제7부
조용한 애국

낡은 신발을 버리며 … 136
홀로 성숙한 이의 가슴은 … 137
거울 속의 세상 … 138
빨랫줄 … 139
인형놀이 … 140
추억을 소환하다 … 141
남겨진 웃음 … 142
계절마다 꽃은 있었다 … 143
탱자꽃 피겠다 … 144
별이 되는 순간 … 146
조용한 애국 … 147
부끄러운 감사 … 148
만인의 사랑이 되게 하려 … 149
우리는 함께입니다 … 150

제1부
시인만 아는 이야기

마음 달램

괜찮은 사람으로 하여금
옳지 않은 일로 인하여
실망하였을 때 정말 괜찮지 않은데

사람에게 실망하고
실망조차 하지 않으면
의미조차 없는 것이라 달래 놓고

사람이 좋다고
사람이 귀하다고 시 한 줄 써 둔다

시를 쓰는 이유

분명
그때는 괜찮은 줄 알았는데
생각해보니 많이 참았었구나

분명
그때는 대인배인 듯 양보했는데
돌이켜보니 많이 억울하구나

내 이야기 속을
아무도 모르게 스며들어 나를 만나는 것

시를 쓰는 이유이다

머리하는 시인

딱히 약속은 없으나
가위로 새벽을 싹둑 잘라내니
빼꼼이 고개 내밀고 들어오는 얼굴들

쉽지 않게 꼬물거리는 아이를 만나고
그때 그 소년을 만나 바리캉으로 세월을 걷어내고
뽀글뽀글 구순 된 어머니의 머리 위에는
하얀 꽃송이들이 술렁거린다

화려하게 돌아가는 헤어샵 사인볼 속에서
또박또박 시인을 스쳐 지나가는
무지갯빛 인생들

그리고
다시
각자
흩어지는 꽃잎들

나로 인하여

이른 새벽
뭉그적거리지 않고 활기차게 일어나
건강을 다스리려는 의지로
내게 맞는 한 끼 식사를 준비하고
춥지도 덥지도 않은 사월 햇살에
내 체온에 적절한 바람 한 점 만나니
내 마음 줄줄줄 풀어
한 편의 시를 매일의 식사처럼 써내려갑니다

남의 것으로 행복해지는 것이 아니라
나로 인하여 만들어 낸 내 행복이라 씁니다

시인의 이야기

가슴으로만 품고 사는 세상의 이야기가
시인의 펜 끝에서
험한 산등성이를 부드럽게 넘어간
바람의 이야기가 되었고
희망이 솟는 태양의 이야기가 되었다

그래 놓고
준비된 표정을 만들기 위하여
뒷면에 가려진 시인의 가슴에서는
타인의 눈치와 경쟁의 여지가
태양보다 더 뜨겁게 타오르고 있었다

사소한 세상의 아픔도
사소하지 않게 쓰고 있는
시인의 이야기

시인의 가슴

조용히 눈을 뜨는 것
아침 같은 순수였어

소란스럽지 않게 눈을 깜박이는 것
아이 같은 순응이었어

시끄러운 세상과 타협하는 날 선 사람들의 모습이
두 눈에 들어오는 순간 두 눈 질끈 감아야 하는 것
해바라기 같은 시인의 가슴인 거야

시인의 시심

해마다 봄은
우리 집 마당부터 내렸다

세월을 잊고 살다가도
촌가의 쓸쓸한 외등처럼 목련꽃 환하게 피면
모서리에 웅크리던 내 인생도
또다시 봄이라 했었다

온다 간다 말 한마디 없이도
가타부타 까닭 없이도
또다시 사월을 뿌리는 눈물겨운 약속

꽃이 아니면 어느 누가
시인의 깊은 심장 속 시심을 끌어낼 수 있겠던가

야누스의 시인

시를 쓴다
시도 때도 없이 시를 쓴다
내 양심 그대로 쓰기도 하지만
신성하고 고결한 것들을 모아다가
마치 내 것인 양 풀어 놓는다

때로는
내 안에서 낮과 밤을 속여 놓고
안쓰러운 나를 내가 품고
새하얀 종이에는 아무렇지도 않은 듯
처음부터 그랬던 양 꺼내 놓는다

언어를 연모하는 까닭에
내 안의 여러 개의 나마저
속일 수 없는 야누스가 되어
시를 쓴다
시도 때도 없이 시를 쓴다

시인의 길

길을 걷는다
두 눈 감고도 걸어온 길이 훤한데
날마다 새로운 길이라서 헤맨다

알 것은 다 알고
모르는 것은 다 모르는
사람도 아니고 귀신도 아니고

대낮 같은 밤길에
남아 있는 세월이 흔들릴 때마다
시를 쓴다

복잡하고 매혹적인 언어를 붙잡고
길을 지우고 길을 맞으며
말 대신 시를 쓴다

시인만 아는 이야기

둑방 트레킹로에
코스모스 한 송이 멀뚱멀뚱 피어 있다

어젯밤 몰아치던 뇌우가 무색하게
이웃도 친구도 없이 꽃잎 쫑긋 세운
분홍빛 볼터치가 화려하다

세상 이야기에
삶이 흔들려보지 않으면 모른다
실 같은 몸뚱이로 큰 꽃 받들고 서 있는
너의 그 견딤을

생동하는 것들은 다 보듬는 땅의 기운에
홀로 선 너의 그 당당함이란
시를 써보지 않으면 모른다

일상은 시가 되어

밤보다 더 검은 장마 속에
뜻밖에 하늘이 말갛게 보이는 순간
그것은 분명 시가 된다

누군가를 만나서
그 사람의 마음이 뜻밖에 감동으로 다가오는 순간
그것은 분명 시가 된다

일상 중에 일상이 시가 되며
우리는 시 같은 삶을 살고 있다는 것을
시를 써보지 않으면 모른다

나다운 삶

서로 마주 보고 할 수 없는 말이나
가슴에 응어리지도록 묻어 둔 사연을
간절하게 쓰는 것
글을 쓰는 일은 정녕 나다운 삶이라는 것을 알았다

세상은
누구와도 타협할 수 없는 내 것이며
세상에 물들어 가는 것
내가 나에게 스며드는 삶의 신비라는 것을 알았다

세상에 내가 존재하는 것이 아니라
세상이 나에게 존재한다는 것
얼마나 아름답고 사랑스러운 일인가

미치도록 아름다운 하늘 한 조각이
지금 내 가슴 안에 있다

등대가 되어

파도는 풍랑과 생명을 품고
빛은 파도를 품었으니
바다가 되어 바다를 밝히는
무인 등대 아래는 그늘도 없더라

슬픈 내력이 있는 가슴이라도 좋으리
우울한 일상의 품이라도 좋으리
내 한 줄의 시가 빛이 될 수 있다면
그 또한
벅찬 삶이라 쓰고 또 쓰리라

내 하나의 영혼

함께 시를 이야기하면 둘이 되었다가
함께 일을 이야기하면 혼자가 되었다가

입술 열어 온종일 떠들어도 알 수 없다가
입술을 열지 않고도 심장까지 들여다볼 수 있다가

삼삼오오 쌍방으로 대화를 해도 혼자이다가
컴퓨터 앞에 일방적인 대화를 해도 여럿이다가

그러다가
꿈에도 모르게 잠들 내 하나의 영혼

제2부
다시 혼자가 되다

나의 향기

천리향 향기 따라 봄으로 가고
은목서 향기 따라 가을로 가고
다이알 비누 향이랄지
포근포근한 아기 분 냄새랄지
살아온 세월만큼 향기도 쌓였건만

내게서 나는 향기
나도 모르는 채
세월만 깊었네

나는 등꽃이었어

아
보랏빛이
이토록 아름다웠던가
빈집에 스미는 향기가
이토록 아득했던가
치렁치렁 늘어진 꽃송이가
이토록 외로웠던가

배배 꼬인 밑동마저
수작 부릴 틈도 없이
오월을 흔들며 무너져 내리는
저 등꽃 좀 봐

내 안에 들어와 나를 흔드는 나는 누구인가

불현듯 혼자일 때

누구나 그러하듯이
내 안에는 나만 알고 있는
숨겨진 이야기 하나 있습니다
그 이야기는 내 삶을 움직이는
가장 강력한 힘입니다

나에 대한 그대의 생각이 어떠한들
사실은
내가 세상 살아가는데
그다지 큰 몫은 하지 않습니다

그러함에도 불구하고
어울렁더울렁 함께 살아가는 까닭은
불현듯 혼자일 때
세상이 깊고 달달하였음을
나에게 선사하고 싶어서입니다

세상의 주인

세상의 모든 것이 내 것이라는 생각과
세상의 모든 것은 세상의 것이라는 생각은
한 끗 차이다

다만
내가 세상의 주인이라는 생각과
세상이 나의 주인이라는 생각은
하늘과 땅 차이다

내가 멈추는 순간
세상도 멈추기 때문이다

벤치의 역사

우리 집에서 모퉁이 살짝 돌아서면
오래된 은행나무 아래
낡고 허름한 나무 벤치 하나가 있다
비가 오면 하염없이 비를 맞고
눈 내리면 주저앉을 듯 처진 모습으로
지난 가을 은행잎이 떨어져 수북이 쌓인 벤치는
한 폭의 수채화였다
시골 장터에 몇 안 되는 상가들조차 외면한 그 벤치에
살포시 걸터앉아 본다
그 벤치에게 나는 아무것도 아닌데
내가 앉으면 이야기가 달라진다
벤치 주변에 사는 사람들과
무심코 지나쳐간 사람들과의 이야기가 생겨난다
그 벤치의 모습과
그 벤치가 가진 자잘한 상처까지
누군가의 특정한 사람과 배경과 배후에
역사가 있다는 사실이 느껴진다

오늘

바쁜 일상 중에도
오래된 벤치에서 나는 홀로 역사를 지었다

나를 끌어안고

모르는 사람의 기침 한 번으로
내가 죽을 수도 있다는 두려움은
비단 코로나뿐만이 아니다

이항 대립(二項 對立)의 논리는
마스크 한 장보다 얇고 가벼운
이기(利己)와 이타(利他)의 대립이었다

그래그래
인생은 나로부터 시작한다는
삶의 명제를 두고
귀한 나를 내가 꼬옥 끌어안아 본다

백 가지의 감사

삶이란 한낱 꿈에 불과하다지만
살아있음이 축복이다

빛을 짊어지고 나서는 쨍한 새벽 공기
꽃을 피우기 위한 달큰한 바람
해 질 녘 노을에서 우러나오는 황홀한 냄새
어느 한순간도 눈부시지 않은 날이 없으니

경쟁의 시대에서 작은 실패 하나로
내 안에 백 가지의 감사를 놓칠 수는 없지 않겠던가

내가 뜨거운 순간

캄캄했던 내일이 비로소 오늘이 되고 보니
내일에 걸어 둔 희망만큼 화려하지는 않았어

흥분하고 맞이한 오늘이 결국 어제가 되고 보니
다 소소한 일상이었어

어제의 가난 속에
가까스로 채워 넣어도 늘 오늘이 풍족하지 않아

경계의 밤에
허물을 벗고 바람처럼 드러누운 나를 보니
정녕 나로 하여금 내가 뜨거워지는 것은
바로 이 순간이었어

내 삶의 기준

내 안에 답안지를 품고도 방황하는 날들이여
묻지 않으리
찾지 않으리

세상의 기준에 휘둘리지 않고
내가 내 삶의 기준이 되어
수시로 나를 들여다보는 일은
참으로 자유하고 통쾌한 일이야

비우고 채우고

드레스 룸의 문을 열면
입자니 옹색하고 버리자니 아깝고
한 해 두 해 걸어 두고 쌓아 두어
가득 채워진 탓에 마음이 어지럽고
주변은 어수선하다
물건이든 사람이든 상관없다
비워진 자리에 내 자유와 독립을 앉히기 위하여
불필요한 것들에 결단한다
버리고 치우자

불필요한 물건들이
치워지고 버려진 빈자리에
선명하게 보이는 것들
내 영역
내 여유
그리고
내 존재

양팔 벌려 맞이할 때 저마다 의미는 있었으리라

그로 인하여 남겨 두어야 할 감사
나머지
내 자유로운 삶을 위하여 비우기로 한다

그 여자의 행복

예닐곱 평 남짓한 공간에
밝았다가 어두웠다가
움직이는 동선은 일정한데
여자의 세상은 날마다 화려하다

육십 중반의 여자에게
친구 없으면 잘못 사는 것이라는데
특별한 사람에게서 전화가 오는 일도 없으며
수다를 피우자고 찾아오는 사람도 없다
그러함에도 불구하고
그 여자의 금요일 밤은 화려하다

TV를 보면서 세상을 주워 담고
책을 읽다가
시를 쓰다가
가끔씩은 하모니카로 섬집아기도 불러보고
무료할 때쯤 찾아오는
고객님의 머릿결을 매만지며 기교도 부려보고
날마다 만나고 날마다 이별을 하며

놓친 사람도 있었지만 가는 사람도 있었다
사람으로 하여금
행복해야 된다는 생각을 버린 순간
여자는 그때부터 행복했다

내가 나를 만났을 때

시작부터 끝이 되는 인연
너를 만나기 위하여 내 인생을 걸었다

낯선 곳을 가는 일도
낯선 사람을 만나는 일도
다 내 안의 너를 만나기 위함이려니

삶이 서툴고 혼란할 때
숨고르기처럼 편안해질 때가 있었다면
바로 너를 만나는 순간이었다

인생이란
내가 나를 만났을 때
가장 안온하고
가장 극적이며
가장 아름다운 순간이야

내 이름 석 자

가슴에 길 하나를 가지고 있었다

그 길 위에
과거와 현재와 미래를 새기는 것은
너를 노래하는 간절한 사랑이었다

나답게 살아 낸
내 인생 이야기의 표지석에
너를 새기는 일은 가슴 뜨거운 일이었다

평생 내 영혼으로 살아
죽어도 함께 할
내 이름 석 자

나에게 쓰는 편지

한해살이 풀잎에도 미안할 때가 있는데
흐르는 바람결에도 고마울 때가 있는데
문득문득 소소한 후회는 있으나
한 가정을 무사히 이끌어 왔다

내 생에 가장 큰 축복
그리고
가장 훌륭한 선물이 된 남매가 잘 자라주었으니
나는 이대로의 모습으로도 충분히 잘 살아 왔다

이제는
나 자신에게
마지막 주어지는 그 하루까지
축복처럼 맞이하면 될 일이다
사는 일에 애썼던 것처럼
다가올 운명까지 애쓰지 말자

최선도 세월이 지나면 최선이 아닌 것이 된다

그때의 최선보다 지금 나의 성숙함이
얼마나 값지고 기특하냐

나를 사랑하며

세상에는
급한 일과 중요한 일이 날마다 거듭된다
사랑해야 할 사람이 너무 많다
그중
나는 나를 얼마나 사랑하며
얼마나 중요하게 돌아본 적 있었나

저마다 잘난 세상에
저마다 잘난 것은 알겠으나
저마다 스스로 잘났다고 아우성이니

나는 나에게서 왔다가
나로 가득 차 있다가
또다시 나로 돌아가는 것을

내가 나를 사랑하는 일
그래그래
혼자도 감사입니다

상 남자

책임 없다 선언하고
돌아선 적 없이
평생 자유로웠던 남자

그 남자와 나란히 살아온 세월
암만 생각해도 손해 같은데
결산해 보면
내게 이익금이 쌓여 있는 남자

하늘 아래 그 남자가 있는 한
나는
혼자라도 감사입니다

다시 혼자가 되다

삼삼오오 모여 앉은 자리에서
귀동냥으로 얻어들은 이야기들에
맞장구를 치면서 고개를 끄덕이다가

그 이야기 속에 내가 들어가
내가 나를 제어하지 못하고
분노하거나
내 일인 양
참지 못하고 정의로웠다가

혼자서 다시금 곰곰이 생각해보니
지나고 나면
다 사는 이야기였던 것을

제3부
꽃등 하나 켜자

혼토이즘

그 순간
사진사가 웃으라기에 웃었건만
세월 지나 보니
그 모습 속에 스며있는 내 마음은 나도 모르겠더라

내가 나를 찍을 수 있는 영리한 시절에
배경으로 찍힌 철쭉꽃보다 더 붉은
가슴에서 피는 내 웃음까지
오롯이 붙잡아 둔다

혼놀로그

둘이서 나누는 사랑보다
혼자서 누릴 수 있는 자유함이 좋아

단순한 삶이라도
고물고물 혼자라도 잘 노는 내가 나를 들여다보며

누군가 곁에 있다가
떠나버린 빈자리 때문에 외롭지는 않아야 하리

혼운

그 해
40원의 버스비를 아껴서
10원짜리 라면땅이거나
드문드문 별 사탕이 들어있던
20원짜리 자야를 사 들고
비포장 시오리 길
이틀을 걸어도 좋았고
나흘을 걸어도 좋았었다

시절이 좋아지니
고급 승용차의 흔들림도 출렁거림도
내가 내게 주는 스릴을 즐기며
천 리를 달려 혼자 하는 드라이브는
로맨스보다 달콤하다

혼커

일상이 잠시 어수선한 날
옛 노래에 흠씬 젖어 보고 싶은 날
날씨 때문에 또는 계절 때문에 센치해지는 날

카페에 홀로 앉아
시 한 편을 암송해 보는 일
졸음을 참아 보는 일
조용히 멍때려 보는 일

내 이름 내가 불러보고 싶은 달달한 날
오로지 내 생각만 하는 나는 무죄

혼코노

세상 돌아가는 이야기가 궁금하면
유튜브나 웹으로 해결하니
생각의 차이로 갈등이 없고

소통이 그리울 때는 글을 쓰니
감정 소모가 없고

혼자가 당연한 정서를 부여받았으니
블루투스 마이크 하나면 혼자 노래하기 좋아라

마음을 닫고
마음 안에 코인노래방 문을 연다

혼쇼

세월만큼 쌓인 살림살이 차근차근 비워 내고
화려하게 변해가는 세월 만나보려
혼자서 쇼핑을 하네

돈 없고 젊을 때는 갖고 싶은 것도 많더니
돈은 있으나 나이 드니 갖고 싶은 것도 없어지더라

온종일 너끈하게 돌아온 쇼핑백에
추억이 가득하다

혼밥과 따밥

메뉴 선택의 자유와
밥알 할 알 한 알 음미하는
속도의 자유와
허기진 배를 채우는 것보다
헛헛한 마음을 곰곰이 채우는
근사한 여유

이것은
시대 곁에 다가와 준
혼밥과 따밥의 문화이며
혼밥과 따밥이 좋은 이유이다

혼밥

푹푹 끓여 내온 뚝배기를 휘저으며
쓱쓱 비빔밥을 비벼 섞으며
서로 다른 감정을 들여다보며
형용사로 포만감을 느껴보는 것이 행복이었소

여러 사람과 마주 보며 맞이한 밥상에서
미각과 시각이 호사를 누리는 순간이 사는 맛이었소

나이 드니
고봉밥이 아니라도 밥알을 흘리고
춥지도 않은데
밥상머리에서 흐르는 콧물이 민망하여

내 밥상 내가 혼자 차려 받는 것은
오롯이 먼 산 바라보듯
그러나
세상에서 가장 자유롭고 편한 밥상이라오

내 안의 자유

내 감성의 도화선이 되어
내 삶에 다녀간 슬픔마저도
내 작품 속에서 꽃을 피우게 했으니

내가 나에게 자유를 주는 예술
문학 안에서
나는 혼자도 감사입니다

여유

마른 논에 물을 잡고
단비에 씨 뿌리고 모종하는
농촌의 계절에는
읍내 상가가 고요하다

쓸쓸한 간판 아래
고요하니 한가롭고
한가하니 여유로워
돈이 아니라도 감사가 지천입니다

꼬투리 인생

오이를 썹니다
하얗게 속살 차오르도록
양분을 공급해 왔던 꼬투리가
무심하고 당연하게
칼끝에서 밀려납니다

몸통과 한몸일 때
보이지도 않던 것이
도마 위에서 무너짐이 있을 때
비로소 꼬투리가 보입니다

나보다 타인을 더 이해하고 배려하다 보면
한 번쯤
무너질 때 있더이다
그때 비로소 내가 보입니다

타인의 눈치를 보며 사는 것은
나를 방치하는 것이며
남의 비위를 맞추며 사는 것은

한 움큼 응어리만 남는
꼬투리 인생이 되는 것

사실은
혼자도 감사일 때가 있습니다

상추꽃의 임종

싹 트고 나오자마자
모가지까지 꺾어다가
짜디짠 간장에 절이더니

밑동부터 차근차근
치마폭 꺾어다가
양반 같은 쌀밥 청춘처럼 품더니

짧은 순간
한 몸으로 다 이루고 각자가 되어 허공에 나르는
하얗게 늙어버린 상추꽃

차마
홀로 지는 상추꽃의 임종이
눈부시게 아름답다

비트 차 한 잔 앞에 놓고

햇볕이 머물 때의 향을 끝까지 품은 그 풍미로
홀로 뿜어내는 붉은빛의 매력에
너라면 나 홀로 뜨거워
이대로 젖어도 좋겠어

만지기만 하여도 착 달라붙는 그 살가움과
뜨거운 맹물에도 거침없이 우러나는 그 존재감을
내 몸과 만나기 전
아주 오랫동안 들여다본다

멍때리기 예찬

사람에게 젖는 일보다 하늘에 젖는 일은
훨씬 자유로운 일이며
사람에게 끌리는 것보다 하늘에게 끌리는 것은
훨씬 설레는 일이다

세상의 근심 걱정 진지하게 내려놓는 일
쓸데없는 잡념과 부정과 후회 다 놓아주는 일
우주의 중심에 가만히 있어 보는 일

꼭 여럿일 필요 없이
혼자라도 꿈을 꿀 수 있는
하늘 멍때리는 순간
심신이 지극해진다

하늘의 빛깔

하늘은 여전히 맑은데
내 소소한 일상으로 인하여
더러는 먹구름 한 점과 눈물 한 방울이
아득한 슬픔의 하늘이 됩니다

하늘은 여전히 파란데
하늘의 냄새가 풍기는 일상으로 인하여
눈감아도 눈부신 희망 같은
천개의 색깔을 머금은 하늘이 됩니다

한순간 눈 떴다가 감으니
내 하늘은 언제나 내 것이었습니다

나이테 그으며

설레임은 청춘이다
뜨거움도 청춘이다
그러나
청춘은 청춘 그 자체일 뿐

외줄로 선명히 그어진 나이테
그 안에
다른 사람의 나에 대한 눈빛과 평판으로
내 행복을 가늠하지 않는 지혜와 느긋함이 있어

홀로 고요하게 나이 드는 일은
청춘보다 더 재미있는 일이다

혼자가 아닙니다

혼자 독서를 하는 것은
저자와의 대화이며
혼자 영화를 본다는 것은
시나리오 작가와 출연하는 사람들
그리고 감독과 함께 있는 것이다
혹여
허름한 식당에 들어가
돼지국밥 한 그릇을 마주한다 하더라도
식당 주인과 주방장은 물론이요
배고팠던 오래된 추억까지 따라와 마주 앉게 하는 것

세상은
혼자도 혼자가 아니라는 것이다

혼자 노는 법

혼자서 노는 법을 모르는 사람에게
논다는 것은
의미 없이도 꼭 누군가를 만나야만 하는 것입니다

서로서로 사소함의 눈치를 보고
놀다가 생겨나는 소소한 고충 때문에
자기를 잃어버리는 줄도 모르면서

그렇게
의미 없이 이어지는 중독된 만남은
혼자인 것이 불안해서 중독처럼 이어지는 것입니다

혼자서 노는 일에 부여되는 혼자만의 뜻은
비로소
세상과 마주하는 거대한 꿈이 되는 것입니다

혼잣말

밑동은 딴 데 두고
꽃대궁에서 흩어지는
입에 발린 소리 소리 소리들

맞장 떠야 할 일에 맞장구치는
위선의 커뮤니케이션이란
사실은
너도 알고 나도 아는 것 아니더냐

꿈을 꾸며 "나는 할 수 있다"
힘들 때 "다 지나갈 것이다"
내가 나에게 힘주어 전하는
혼잣말처럼 깊은 말은 없다

세월과 동행하는 일

푸른 오월을 가르며
호숫가 데크길을 걷는다
호수 안에서
상수리나무 그림자도 가고
어젯밤 떨어진 나뭇잎까지도 나란히 간다

바람 불어 물결이 이는 것이 아니라
나의 움직임으로 인하여 물결이 된 호수가
데크길 끝까지 나를 따라 나선다

혼자서 호숫가를 걷는 것은
내 일상의 수평을 맞추는 일이며
내가 나의 물결이 되어
세월 가는 길목에 동행하는 일이었어

빈틈 그리고 쉼

열심히 일한 죄밖에 없는데
일 때문에 힘들다고 느껴질 때
숭늉인 듯 사색인 듯
믹스커피 한 모금 음미해 볼 일이다

사소한 일상에도 충실했을 뿐인데
삶이 의미 없다 느껴질 때
가끔은 멍때리는 순간을 만들어
일상의 빈틈에 쉼을 초대해 볼 일이다

가끔은
내 몸과 내 일상과 내 쉼과
삼자대면하여 진정한 나를 찾아
내가 나를 따뜻하게 보듬어 주어야 할 일이다

인연

꽃보다 환하게 웃었다가
강물보다 흥건하게 울었던 적 있었다

사소하게 흘러버린 세월 속에서
오고 가고 가고 오는 인연 따라
내 알 바 아니라며 억지를 부리다가
두 발 동동 구르며 가슴 졸이다가

만나면서 한 뼘
헤어지면서 한 뼘
다이알 비누처럼 오래된 향기 곁에
우두커니 남아 있는 나

꽃시절

깊은 물속에서 타오르는 불길이
7월보다 뜨겁다
연꽃 세상이었다

꽃다발 안에서
꺾인 모가지를 내밀고 끝끝내 화려한 꽃
꽃의 세상이었다

쓰러지지 않기 위한 삶이 아니라
성숙하기 위한 삶
그중에
술에 취한 반정신으로도 내가 꽃일 때 있었다

꽃등 하나 켜자

내 지나온 시간들은 가깝고도 훤한데
내 가야 할 시간들이 캄캄한 밤길이니
꽃등 하나 켜자

꽃이 질러 놓은 불꽃 천지
그 불쏘시개는 결국 꽃이었던 것을
내가 가야 할 길
내 가슴에서 지펴 내어
꽃등 하나 켜자

제4부
아픔도 위로도 내 몫이었다

셀프 효도

새 생명을 낳아
눈 맞춤을 하고
방실거리며 웃는 모습에서 얼마나 행복했었던가

뒤집고
서고
아장아장 걸음마를 할 때
얼마나 대견하고 행복했었던가

그 아이가 자라는 동안
말 한마디와 몸짓 하나에 내 마음 흡족하여
평생 셀프 효도를 받고 있으니

해 질 녘 서쪽 하늘에 혼자 넘는
황혼처럼
혼자도 감사입니다

그리움에 관하여

푸드가 넘치는 세상에
되새김질하면 올라오는 비곗덩어리들
고프다고 떠드는 소리는
진정 밥이 아닌 그리움이었다

고두밥이거나 묽은 죽이거나
상상만으로도 입안 가득 홍수가 되어 질주해온 세월
사람에 대한 그리움은
진정 가벼운 가난이라 말하리

맑은 침 한 방울
나도 모르게 뚝 떨어진다

화이트데이

배부르다는 아들의 밥그릇에
꾹꾹 눌러 담고도
다시 아쉬움에
또다시 눌러 담는 희디흰 쌀밥은
어쩌면 어머니의 한(恨)일지도 모르겠다

간경화에 당뇨병까지 지닌 어머니의
보리밥 그릇조차 냉정하게 빼앗으며
함께 살자고
굶어야 사는 것이라던 나의 간절한 외침 또한
어쩌면 어머니의 한(恨)이었을지도 모르겠다

해마다 그랬듯이 올 화이트데이에도
어김없이 아들은 초콜릿을 들고 자박자박 걸어 들어온다
행복할수록 쓸쓸해지는 사랑스러운 감동
문득문득 당 떨어질 때 나만 먹어야겠다
서랍 깊숙이 박아두고

부모 빽

내 아들과 딸이 잘 살고있음을
나는 잘 안다
그런데 늘 걱정을 하고 있다

그들의 청춘은
나보다 더 건강하고 지혜롭다는 것을
잘 알면서 늘 염려를 한다

세상을 먼저 살아보니
누군가의 비위를 맞추지 않고도
누군가의 보폭에 맞추지 않고도
쫄지 않고 살아갈 수 있도록 든든한 빽이 되어준 것은
부모의 쓸데없는 걱정이었다

혼자서도 당당하게 올려다볼 수 있는 하늘
엄마에게도 엄마가 있었단다

돌아온 감사

아버지의 아버지
그 아버지의 아버지까지
아버지는 늘 외로웠다

어머니의 어머니
그 어머니의 어머니까지
어머니는 늘 눈물이었다

아들의 아들
그 아들의 아들까지
그들의 양식은 외로움과 눈물이었다는 사실을

진정
세월이 깊어지고 혼자가 되었을 때
감사가 되어 돌아온다

끄덕끄덕

젖먹이 아기에게
엄마도 아기 되어 척척 맞는
도리도리! 쥐엄쥐엄! 짝짝꿍 짝짝꿍!

우리들의 아기
해를 보면서 피고
달을 보면서 피어서
꿈의 티끌이 모여 인생이 피는 동안

세상만사
아름다운 어른들의 재롱
끄덕끄덕! 끄덕끄덕!

아픔도 위로도 내 몫이었다

대쪽 같이 꼿꼿한 아버지가 계시는 집은
언제나 긴장되고 날카로웠다
식탁에서 파란 배춧잎 씹는 소리거나
굵직한 깍두기 씹는 소리까지
힘차고 용감했었다
어머니를 비롯하여 두 남매의 이야기에
고개를 끄덕여주는 일은 단 한 번도 없었다
아버지의 외고집은 우리 집의 법이요
가족 모두가 지켜야 할 규칙이었다
내가 부모가 된 이후에도
내가 죽는 날까지
아버지를 그리워하는 일은 없으리라 생각했었다

유난히 뜨겁던 여름날
아버지께서 운명하셨다는 기별이 왔다
후끈한 바람이 한꺼번에 가슴을 밀고 들어왔다
아버지의 치아는 성격처럼 탄탄한 줄 알았더니
틀니를 끼고 계셨음을 처음 알았다

내가 부모 되어
자식에게 받는 효도가 행복이라면
아버지를 미워했던 마음과
죽어도 후회하지 않으리라 했던 가슴은
미안한 슬픔이 되어 하늘마다 눈물이고 아픔인 채로
끝끝내 내 몫으로 남아 있다

감히 아버지의 사랑이거나 따뜻한 관심은 바라지도 않았으니
피차 안쓰러운 세월이었다고 치부하자
그렇게
아픔도 위도로 내 몫으로 묻어두기로 한다

셀프 스토리

갓 태어난 아이가
먹고 자고 먹고 자고
수면의 티끌이 모이고
꿈의 티끌이 모여 쑥쑥 자랐답니다

꿈속에서 나만의 색깔을 만들고
나만의 성향을 만들며
어른들이 모르는 옹알이와 찡그림도 만들었답니다

어른이 되어
내게 잠재된 셀프 스토리가 궁금하여
내가 나에게 묻고
내가 나를 읽어내기 위하여
내가 나에게 편지를 씁니다

천만 배의 행복

우주에
뜬금없이 생명으로 잉태한 것은 없다
다 어머니가 있었다

그 어머니 중의 어머니가 되어
단순한 어머니가 아니라
내 아들의 어머니라는 사실에 감사한다

아들이 태어난 오늘
미역 한 가닥 담가두었더니 열 배나 많아졌다
아들은 마흔 배나 자라서
나에게 천만 배의 행복이 되어주었으니

참말로 감사하다

숙성된 그리움

어버이날을 기념하여 자식의 정성으로
잘 숙성된 스테이크를 만났다

핏기 선연한데 이렇게 부드러울 수 있다니
젊음의 절정은 어디까지일까?

끝끝내 핏대 세운 아버지의 얼굴도
가슴 깊은 어느 곳에서는 숙성 중이었을까

씁쓰름한 내 안의 독백까지 숙성된 지금
다 그리움이다

내리사랑

꽃이 피었다 진다하여
꽃을 잊는 것이 아니더라
그 꽃 피었다 지면
저 꽃 다시 피어
잊은 듯 처음인 듯
피고 지고 피고 지고

부모님 떠나시면
잊혀진 것이 아니더라
그의 자식은
또 그의 자식을 낳아
잊은 듯 처음인 듯
애틋하기 그지없어

부모보다 자식을 더 사랑하고
자식은 그의 자식을 먼저 생각하고 염려하니
세상의 효에 관한 이치가 이해되고도 남음직하더라

자식의 행복

자식 생일날 아침
카톡을 열어
'고마워'라는 한마디를 전송하는데
눈물이 가슴에서 차고 넘친다

자식에게 늙은 어머니는 눈물이고
늙은 어머니에게도 자식은 아픔이라니

내 행복이 자식의 행복이 아니라
자식의 행복이 내 행복인 것을

나로 인하여
내 부모님은 얼마나 행복하셨을까

어머니의 꽃

"누님!
어머니가 저 개망초꽃을 겁나 좋아하셨어라우"

오며 가며
단 한 번도
멈추어서 들여다본 적 없던 그 꽃
있어도 보이지 않았던 그 꽃이
주인 없는 땅에 무리 지어 피어서는
내 안에 하얀 꽃물이 흥건하게 배어들었다

그 이후
흔치 않은 하얀 순수는
해보다 눈부신 내 지주가 되었다

벽화마을 속 옛집

낮은 집 담벼락에
옛사람들의 얼굴들과
굴뚝을 타고 오르는 하얀 연기의 풍경은
전기밥솥이 지어낸 고슬고슬한 쌀밥으로 식사를 마친
화가의 손길이 되살려 둔
낯선 골목에서 만난 고향이었다

호박된장국 냄새와
간고등어 익어가는 비린내와
들여다보지 않고도
자글자글 끓고 있는 것이 무엇인지 알 것 같은
나만 아는 익숙한 냄새

그곳에 들어서면
쩍쩍 갈라진 새우등을 숙이고
어머니의 손맛이 기다리고 있을지도 몰라

한 줌 햇살에 대한 감사

한겨울 몰아치는 눈발 회오리가
만국기처럼 휘날린다
며칠 동안 그윽하게 쌓이는 젊은 눈 속에
잿가루 같은 늙은 눈이 문고리를 걸어 잠그고

혹여
자식 잠드는 방에 문풍지는 울지 않을지
자식 출근길에 빙판으로 얼어붙지 않을지
오늘 하루도
머리 위에 쌓인 눈을 받들기에 힘겹지는 않을지

한낮 한순간 볕이 꿈틀거린다
온몸을 휘감는 한 줌 햇살이 이토록 감사일 줄이야

젊은 아들에게

사는 동안
이래저래 마음 상하는 일 수없이 많았다
뼛속으로 스미는 매운바람 한 점까지
아름다움과 아픔의 교차점을 그려 넣고
기쁨과 슬픔의 소수점 하나까지
여백 없이 채우고
이내 명품이라 억지를 부려보는 그림 한 장

살아보니
낮에는 해가 뜨고
밤에는 달이 뜨는 우주에
들여다보면 깜빡이고 눈 돌리면 묻히고 마는
우리는 각자 별 하나였던 것을

밀물과 썰물이 다녀갈 뻘밭도 괜찮겠다
바람이 쉬어 갈 자리도 남겨두고
고요한 적막이어도 괜찮겠다
집착하지 않아도 세월은 늘 새롭게 오더라

젊은 아들아
이내 도화지를 채우려 하지 말거라
인생은 참으로 간단하더라

아들의 쓸쓸함은 내 삶의 의미가 되어

내 몸처럼 움직이던 자동차를 보내고
아들에게 새 차를 장만했다는 소식을 전하니

"엄마 좋아?"
"그럼 내가 내게 주는 선물인데 행복하지"
그랬더니
"엄마가 그토록 행복해하는데
그 선물 내가 해주지 못해서 많이 쓸쓸하네"

회선을 타고 오는 아들의 쓸쓸함이
살아가는 이유처럼
살아내는 의미처럼
우주를 모듬은 맑은 구슬 하나가
내 깊은 가슴 한 바퀴 또르르 구르다가
목젖을 밀고 올라오는 순간

다시 삼키려 하늘 한 번 쳐다보는데
눈치 빠른 초가을 하늘이 눈부시게 파랗다

또다시 유월

유월
녹음방초의 산밭에 열무꽃이 분분하다
해진 보랏빛 블라우스 소매 끝동처럼
시들어버린 등꽃
나풀나풀 흘러내리는데

또다시 유월에는
생글생글 감잎이 반짝이고
감꽃 문양의 가슴까지 파고드는
총총총 햇살도 밝고 맑아

유월의 밤에는
꿈에서도 보일락 말락
깨꽃 같은 어머니가 빈방에 앉아
떨어진 깨꽃을 줍는다

제5부
힘 빼고 살면 행복하다

흔들리고 싶다

우두커니 앉아만 있어도
편안하고 안온하게 흔들리게 하는 것

꽃향기라도 좋다
숲 향기라도 좋다
때로는 간질간질 바람에 흔들려도 좋다
촉촉한 자연의 냄새라면 더욱 더 좋겠다

사람이 흔들어 놓고 간
긴장과
재촉과
두근거림으로
휘청거리다가 떨어져 누운 그 자리

길들여진 일상에서 새로움이 간절할 때
차라리 홀로 빈방에
고요 속에서의 흔들림은 더욱 좋겠다

숨겨진 은혜

세상의 북적거림 속에서
나만 외롭다고 느낄 때
가만히 혼자가 되어보라

세상 이야기 속에서
가장 절박하다고 느낄 때
간절한 기도의 멍석에 앉아보라

침묵 속에서
진정한 내가 보이고
꼿꼿하게 선
내 자존심의 모서리 구르는 소리 내가 들으며
대협곡의 신비 속에 자유로움 품어 안기니

세상과 타협하려 애쓰지 않아도 좋으리
애걸복걸 손 내밀며 발버둥치지 않아도 좋으리

당신과 악수하는 순간
혼자도 감사가 되는
숨겨진 은혜로 힘이 되었어

당신은 알고 계십니까

가려다 말려다
가슴에 자주색 멍이 들면
기어이 달려가게 하는 것

걷다가 머물다가
혼자도 감사가 되는 날이면
기어이 주저앉아 기도하게 하는 것

들었다가 놓았다가
인생이 쓸쓸해지는 날이면
기어이 그 품에 안기고 마는 것을

당신은 알고 계십니까
주님의 달콤한 밀당이었다는 것을

사람아, 사람아

누구나 가슴에는
화려한 그림책 하나씩 품고 살아간다

책 속에 들어 알알이 박힌 바람의 열매들은
내 것도 아니요
네 것도 아닌데
마치 주인인 양 시도 때도 없이 꺼내서
자랑하고
으쓱거리고
뽐내고

잘난 척 할 때는
생시 모르는 사람과도 낯가림하지 않는
사람과 사람들

사람아, 사람아 알고 계시는가
정녕 명료한 그림책은 주님 안에만 있다는 것을

화두(話頭)

사람과 사람이 얽히어 사는 세상
분명 함께인데 가슴 허한 빈자리에
혹 들어오는 화두(話頭)

얽히고 섞이기 않았기에 단조로웠어
깊지도 쫓기지도 않았기에 평화로웠어
홀로 말없이 굽어보는 세상이 곧 하늘이었어

감사

삶이란 한낱 꿈에 불과하다지만
살아있음이 축복이다

빛을 짊어지고 나서는 쨍한 새벽 공기
꽃을 피우기 위한 달큰한 바람
해 질 녘 노을에서 우러나오는 황홀한 감성
어느 한순간도 눈부시지 않은 날이 없으니

경쟁의 시대에서 작은 실패 하나로
내 안에 백 가지의 감사를 놓칠 수는 없지 않겠던가

비움에 관하여

빈 잔을 보면 가슴이 뛴다

긴가민가 알 수 없는 마음 지우고
설마설마 믿을 수 없는 마음 버리고
생각보다 넓지 않은 조마조마한 내 가슴에
좋은 사람만 담기로 한다

투명한 빈 잔에
단조로운 세월만 묵묵히 흐르고
내 삶을 감상하는 고요함은 여유가 되었다

돌아온 초심

평생 흑심 품고 사는 연필 끝에
부와 권세와 욕심을
<u>쓰고 쓰고 또 쓰고</u>
안달하고 궁리하다 돌아온 초심

흑심도
마음 비운 자리에서는
고요할 수밖에

섬 이야기

자식 결혼한다는 청첩장이 쌓이던
우편함이 헐렁해져 가고
부모님 돌아가셨다는 부고 알림 톡이 뜸하더니
점점 고요해진 휴대폰 연락처 목록에서
친구의 이름을 차근차근 삭제해야 하는 현실이
무색하고 아찔하여
명상하듯 눈을 감는다

그렇구나
인생은 홀로 뜬 섬이었구나
천만 명이 모여 살다가도
흩어지면 천만 개의 섬이 되는 것이 인생이구나

하양의 모태

하얗게 트고 나오는 볍씨의 눈과
파란 못잎을 키워낸 뿌리
아마도 하얀색의 시작은 그곳이었을지 몰라

유월의 달큰한 바람
푸른 융단의 논마지기 풍경은
계절이 피워낸 것 같지만
아마도 하얀색의 모태는 그곳이었을지 몰라

첩첩 반상에 고봉으로 올라앉아
진수성찬(珍羞盛饌) 굽어보는 하얀 자존심
누구나 시작과 끝은 하양인 것이야

돌멩이의 향기

돌멩이 하나쯤 어느 가슴엔들 없겠더냐

나는 봄에 태어났건만
태초부터 있었던
아주 하찮은 그것이

내 걸음걸음 와르르 무너지는 앞길마다
벼락처럼 떨어져 재가 되도록
깊은 침묵 속에서 짓누르던 그것이

열꽃 만발하여 죽다 살다 앓고 난 그 자리에
반질반질 요염한 뚝심으로 하늘빛을 머금었다
구르면서 쓸쓸히 꽃을 피워냈다

잘려 나간 영혼

흰머리
검은 머리
곱슬머리
파마머리
각자의 영혼과 함께 한몸으로 살다가
툭 툭 잘라내고 떠나는 사람들

주인은 미련 없이 떠나고
남아 있는 이들은
길고 짧음도 의미 없이 그저 고요할 뿐

사랑스러움을 위하여 버려진
그 사랑스러운 머릿결에 가위를 들이댔던 나는
버려진 영혼의 조용한 눈부심을 보았다

힘 빼고 살면 행복하다

두 주먹 불끈 쥐고
살아도 살아도
가난해서 힘겨울 때가 있었다

두 주먹 불끈 쥐고
살아서 살아서
모든 것 다 가져도
가져보면 별거 아닌 것을

주먹을 쥘 때는 힘들지만
주먹을 펼 때는
가만히 힘만 빼면 되는 것

맑은 영혼 하나에
힘 빼고 살면 행복하다

한순간의 꿈

쓰레기를 수거하며 지나가는 차량에
수고로움 없이 쓰레기가 되어
툭툭 무심하게 올라타는 저것들

한때는
이 집 저 집 문 열게 하고
이 사람 저 사람 마음에
환하게 등불 켜고 안겼을 저것들

새롭게 오면 오는 것이고
버리고 가면 가는 것이니
인생이라는 것이 다 그런 것이니

알곡으로 만났거나 쭉정이로 만났거나
너나 나나
한순간이라도 유쾌하고 행복하였으니 된 것이다

실 같은 인생

인생
뭉치 실처럼
꿈은 단단하고 야물었다

살다 보니
매듭으로 묶인 실처럼
풀리지 않는 백 년 같은 일들이거나

꼬인 실처럼
머리카락까지 땀으로 젖게 하는 아픈 구석들

그러다가
끊긴 실처럼
툭 잘려 나가는 허망한 일까지

어느 순간
술술 풀려나가는 가느다란 실꾸리에 꽂힌 대바늘 하나
그동안 가둬 둔 시간을 한 땀 한 땀 꿰매 놓으니
늦가을에 때 아닌 봄꽃이 피었다

내 안의 자물쇠

아픈 일
슬픈 일
어려운 일
모든 불행은 내 안에만 있다고 여기고는
이내 잠가버리는 자물쇠
그러나 다 세상 위에 떠 있는 우리의 일이란다
내 밖에서 열리는 것은 행복이고
내 안에서 열리는 것이 불행이라는
자물쇠 이야기

하지만
내 안팎에서 행복을 열 수 있는 자물쇠는
오직 내 가슴 안에 있을 뿐이야

생의 향기

가볍게 한 줄 그어 눈썹달 된 것이 아니며
쟁반 한 번 둥글려 온달 된 것이 아니다

해가 뜨고 달이 질 때마다
비우다가 채우다가
때로는
초승달이 보름달을 품을 때가 있더이다

살면서 변고와 재앙이 다녀갈 때마다
평화롭다가 소란스럽다가
드디어
모닝커피의 전설처럼 퍼지는 생(生)의 향기

문득
봄의 초입에 노란 프리지어꽃 한아름 그립다

내 역사가 되는 것

나를 만나기 위하여 어디든 떠나자
그곳이 어디든
내 발자국이 찍히는 순간
그곳은
나의 역사가 되는 것이며
나의 천국이 되는 것이다

이 세상에 태어난 것이
내 의지와 상관없었던 것처럼
인생이 얼마나 가슴 벅찬 것인지
내가 세상의 어디쯤에 서 있는지
무작정 떠나보면 그 길에서
내 의지와 상관없이 나를 만나게 될 것이야

제6부
심장을 태우는 꽃

시절에 대한 미련

화려하게 피었다가
분분히 지는 저 꽃잎들 보소
거룩히 피었다가
낱낱이 해탈하는 저 초목들 보소

피었다가 질 때쯤 다시 꽃이 피고
꽃 진 자리에 또 다른 꽃 다시 피고
꽃피는 세상에서
한 시절 죽어도 좋을 사랑 해보았으면 됐다
한세상 충분히 감동했으면 됐다

마른 꽃 거꾸로 세워놓고
꽃봉오리 채 지키려는 발악은 하지 말자
어차피 꽃잎은 한 장이었다

몽돌이 품은 세상

그날
해안 갯돌밭에서 만난 몽돌

한 점 모서리 없이 억겁의 세월이 빚은
동그란 세상을 보았어

겹겹이 세월 포개며 사는 동안
돌고 돌아 나의 모서리는 내 상처가 되었어

몽돌의 동그란 세상에서
둥그러진 마음속으로 달려드는 선한 세상 하나

아왜나무 위 새소리가 그립다

아왜나무 우거져 그늘 드리우던 날
꽃봉오리 요염하게 딛고 서서
우는 것인지
웃는 것인지
누룩 삭는 향기처럼
날마다 옛날로 돌아가게 해놓고

'쨍'하니 눈부신 날
착실하게 모종해 둔 참깨꽃으로
밭고랑이 훤한데
너의 빈자리
칭얼대는 아이처럼 그리워

초록 초록한 들 멍때리는 순간
너의 소리로 감았다가 풀어 놓은 세월 곁에
뜨문뜨문 소환된 자서전 한 페이지

세월

강가에 무더기로 핀 개망초가
한순간에 강물로 뛰어들면서 하는 말
잊어버리라 한다

이듬해 다시 올지 말지
강물과 함께 강물 되어 흐르면 그 뿐
이 순간을 돌이키지 말라 한다

아무도 모르게
생각의 중심에서 팽팽하게 붙잡아 보았건만
징그럽게 무심한 세월이었어

단풍의 자서전

그가 보았던
바람 한 줌과 햇살 한 가닥
그리고 이슬 한 방울까지
그때가 봄이었다고 기억한다

그는 울고 싶을 때
여름 소낙비 내리는 날을 택일하여
충분히 서럽게 울었다

가야 할 길이 빤히 보이는
어느 한 날
애절함이거나 또는 한(恨)까지도
노을빛보다 더 아름답게 품고
향수(鄕愁)처럼 앓고 있는
그때를 가을이라 한다

그리고
그는
가장 화려한 가을에게 몸을 맡기고 꿈을 눕힌다

벚꽃이 질 때는 서럽지 않네

올봄 벚꽃은 봄보다 먼저 피어서
봄 가뭄에 열흘 넘게 분분하더라
강풍이 동반한 꽃샘추위에 속절없이 떨어져도
짧은 순간 활짝 피어보았으니 여한 없으리

머무는 동안
유난히 시끌벅적했던 청춘이여
꽃을 임종하기 위하여
어느새 돋아난 애기 떡잎 좀 봐

벚꽃이 질 때는 서럽지 않네

심장을 태우는 꽃

배배 꼬인 삶의 고통이라도
뻐꾸기도 쉬어 가는 등줄기 따라
허공을 밟고
5월의 등꽃이 거꾸로 만발하였다

세상을 내려다보면서
때로는 끄덕끄덕
때로는 절레절레
바람에 의한 흔들림이 아니라
바람을 휘감고 만발하였다

지주대 하나면
직선보다 곡선으로 허공을 휘감고
비틀어진 몸에서 찬란하게 핀 등꽃이
가끔은 심장을 태운다

남자의 언어

남자의 언어는
여자의 좁은 가슴을 비집고 들어와
감정으로 복제된다

내 맘 나도 모르는데
여자의 가슴으로 파고든 복제된 그 언어를
남자는 알고 있을까

욕심, 그대만 빠져주면

한 발짝 먼저
한 움큼 더 많이
한 길 더 깊게
왜 그래야 하는 시작과
왜 그랬던가의 마지막에는
언제나 그대가 서 있습니다

그대만 빠져주면
단순함에서 오는 행복과 여유가
지금 이 순간에도
지천으로 흐르고 있다는 것을
잊지 말아요

비밀을 먹는다

우럭 한 마리 튀겨서
몸통은
남편 몫으로 미뤄 두고

가마살, 뽈살, 턱살
구석구석 머릿살 발라 먹는 것
지극히 남편을 위하는 마음 같지만

사실 나는
비밀을 먹고 있다

가을을 배웅하며

배웅까지는 원하지도 않았다 하더라도
짧은 이별
혼자서도 당당한 너의 임종의 순간은
밝고
환하고
영광스러웠다

맹목적 황홀함이 툭툭 지고 있는 이 길
쓸쓸해지려는 가슴 한쪽에
끝끝내 질러 놓고 가는
너의 남은 불씨 때문에
어금니 맞대고 입술 한 번 깨문다

청춘의 소통

살수록 신록이 푸르다
살아갈수록 5월이 푸르다

초록초록 푸르다가
점점 짙어지는 녹음에 마음이 조급하다

가슴과 언어가 다른 세상일지라도
말 없는 신록과 내 청춘이 소통하고 있다는 사실이야

이 얼마나 다행스러운 일인가

제7부
조용한 애국

낡은 신발을 버리며

굽이 닳도록 걸어온 길
헌신짝 되도록 걸어온 세월
잘못 든 길에 접어 수없이 헤매고
가서는 안 되는 길에 접어
후회도 많았으리

수많은 사람을 새 구두처럼 만났다가
하루하루 섞이어 사는 동안
구두가 구두를 짓밟듯
많이도 힘들었으리

버려진 낡은 신발의 빈자리에
맨발로 들어오는 따사로운 봄볕
다시
희망이다

홀로 성숙한 이의 가슴은

입 밖으로 꺼내 놓지 않아도
말은 죽지 않아서
입안에 머금을수록
새록새록 생각으로 피어나는 것

마주 보고 말하지 않아도
말은 하늘을 날고 있어서
가슴에서 생각으로 깊어질수록
나풀나풀 향기로 피어나는 것

홀로 성숙한 이의 가슴이
얼마나 깊고 고요한지
내 안에서 흐르는 실 같은 신음까지도
가끔은 헤아려볼 일이다

거울 속의 세상

미용실에 한 쌍의 거울이 나란히 걸려 있다
아침마다 첫 대면은
눈금 없이도 정확하고 선명하게
입술에 빨간 밑줄을 긋고 세상 속의 그를 만난다

가지런한 치아를 드러내고 웃는 모습이거나
고달팠던 세월이 담긴
미간의 잔주름까지 섬세하여
그가 집을 나올 때 매만지던 옷매무새와
자신도 볼 수 없었던 뒷모습까지도
사실 그대로 담고 있다만

사람 마음이 얼마나 깊고 깊기에
정녕
단 한 사람의 마음 한 자락 비추어 보지 못하는가

빨랫줄

그 집 마당 한가운데 축 늘어진 굵은 나일론 끈
겹겹이 힘줄 같은 삶을 짊어지고 있다

한여름 땡볕에 빠짝 긴장도 했다가
땡땡 얼어붙은 겨울을 앙다물고 견디더니
가늘게 부는 봄바람에 수런거리는 저 소리 들어봐

가족끼리라도 나눌 수 없는 것이 있단다
함께 있어도 날마다 서툴고
서로 속살 부비며 살아도 날마다 외롭다는
봄 햇살에 날리는 각자의 저 영혼들 좀 봐

무심한 봄날
줄줄이 꽃무늬 블라우스 나부끼는데
마당 한 귀퉁이에 목련꽃 다시 피는 중

인형놀이

화장하는 순서에 따라 진지하게 인형을 꾸미고
내 몸이 아니라도 내 마음대로 할 수 있으니
얼마나 통쾌하고 만족스러운가

가짜 색연필이건 진짜 립스틱이건
입술은 동백꽃처럼 빨갛게 그려넣으면 그 뿐
요구사항이나 불평불만 없으니
얼마나 편하고 만만한가

그런데
그 위선을 내가 알아버렸다
그 거짓에 내 핏속으로 파고드는 애틋함이 절절하다
나도 모르게 인형 속에 내가 들어앉아 있었다

그래그래
나도 나를 속일 수 없는 것이 세상이구나
나도 나를 함부로 하면 아픈 것이었구나

추억을 소환하다

야산 기슭에 진달래 붉어지면
앞동산 묘지 마당에 삐비 함께 올라와
하얀 그리움까지 모락모락 피어오르는 봄 쯤

한 짐 갈퀴나무 속에
쪽진 머리비녀처럼 꽂아있던 송기가
지금 한창 물오르고 있어
아련한 떫은맛이 달작지근하게 밀려온다

혼자만 품었다가 꺼내 볼 수 있는
추억조차 없다면 얼마나 외로울 것인가?

논둑 밭둑 흙속에 깔린 갈빛살 같은 띠뿌리처럼
살짝 파헤치면 생생하게 드러나는
그 시절 그 추억이 있어

현대판 보릿고개에서도
혼자서 우주를 휘돈다

남겨진 웃음

머리를 자르러 온 여자가
거울 안의 자신을 보며 채송화처럼 웃었다
머리카락이 떨어질 때마다 웃었다
헤어스타일이 바뀐 그 여자는
총총 사라지며 단정한 백합꽃처럼
다시 한 번 활짝 웃었다

옆길로 새어나가지 않은
그 여자의 웃음이
가시를 품지 않고도 장미꽃처럼 활짝 핀
그 여자가 남기고 간 웃음이
내 마음속에 기약 없이 남아있네

계절마다 꽃은 있었다

흙 속에서 씨앗을 트고 나와 피워내는
꽃은 꽃대로 살아가는 일이건만
그 꽃 바라보는 내게는 희망이었다

서글서글한 바람에 향기 날리면
꽃은 꽃대로 살아가는 일이건만
그 향기 품은 내 가슴은 환희였다

내 곁에 있고자 하여 있는 것이 아니며
나를 위하여 피우고자 하여 피워낸 것이 아니라
꽃은 꽃대로 살아가는 일이건만

내 마음 따라 때로는
겨우내 기다림이 되었다가
봄볕에 아름다움이 되었다가
흩어지면 그리움이 되었다가

그렇게
계절마다 꽃은 있었다

탱자꽃 피겠다

연약한 연둣빛 시절도 없이
초록 줄기로 태어나
초록 가시로 단단해진 탱자나무를 만났다
유년의 나를 만난 것이다

속을 들여다볼 수 없을 만큼 성성한 가시가
유독 억세고 날카로워
감히 들여다보기에도 엄두가 나지 않는다만
남을 찌르기 위함이 아니라
자신을 지키기 위한 최후의 보루였으리라
순하게만 살아온 나를 보았더란 말이다

어김없이 봄은 오는데
알 듯 말 듯 아직도 세상은 서툴다만
무성하게 가시를 키우고 있는 한겨울의 탱자나무 바라보자니
저 깊은 곳에서 무한한 쾌감을 느낀다

다시

향기롭게 향기롭게
아기 탱자꽃 피워낼 것이다

별이 되는 순간

어느 어머니의 평생 노고로 쏘아 올린 별이 졌습니다
어느 한 남자의 사랑 때문에 별도 없는 하늘이 되어
하마터면 하늘이 무너질 뻔하였습니다

별들이 떨어지던 그날 밤
빛나는 별을 따다가
어둠 속에 박아버릴 만큼
그 남자의 사랑은 그토록 요란하였던 모양입니다

참 다행인 것은
풀잎 같은 우리 사랑이 무르익을 때쯤
당신께서 따 주시겠다던 그 별은
아직 삼천리 금수강산의 하늘에
여전히 박혀있다는 것입니다

이제는
절망의 가슴으로
희망을 품고 올려다보는
민초들의 수많은 눈동자들이
별이 되는 순간이 다시 올 것입니다

조용한 애국

태극기는 하나인데 수만 개의 논쟁으로
광화문에 깃발을 휘날리게 하는 것만 바람이 아니고
세종로를 울려 퍼지게 하는 것만 소리가 아니다

국민의 나라에 마음과 마음은 묶여있으나
심장은 각자의 가슴에서 뛰고 있다는 것

시끄러운 애국자들이여
봄은 소리 없이
겨울에 맞장 뜨고 대들어서
새싹을 돋아내지 않던가

부끄러운 감사

12월의 햇살은 고요히 쏟아지는데
아찔한 눈부심이
차마 두 눈으로 바라볼 수 없이 부끄러웠다

겨울 하늘이 저토록 푸르기도 했던가
시린 가슴으로는
차마 시 한 줄로도 담아낼 수 없어 부끄러웠다

한겨울
아스콘 포장하는 사람들의 시커먼 얼굴 속에서
하얗게 드러나는 강물 같은 웃음이 출렁거리는데

그래그래
자연 앞에서 부끄러워지는 마음이 얼마나 아름다우며
사람 앞에서 부끄럽지 않음이 얼마나 큰 감사인가

만인의 사랑이 되게 하려

피고 진 꽃자리 40여 년
해마다
시인의 깊은 심장 속 시심을 끌어낸
아왜나무 꽃이여!
산호 같은 아왜나무 열매여!
만인의 사랑이 되게 하려
영암의 심장 기찬랜드에 너를 보낸다

비장한 절개는 아니라도
폭넓은 너의 그늘에 만인을 품어
천년만년 영암의 희망을 맞으소서!

* 정원에 50년도 넘게 서 있던 아왜나무를 2024년 영암군에 기증하여 기찬랜드로 보내졌다

우리는 함께입니다

2025년 1월 1일
〈무안공항 분향소에 많은 추모객이 몰려 혼잡하오니
 일반 조문객은 무안종합스포츠파크 합동 분향소 이용〉이
라는
안전 안내 문자가 올해 첫 메시지로 날아왔습니다

남아 있는 자의 분향과 추모가
가신 이에게 보내는 위로 같지만
사실은
힘들지만 세상에 남아 있어야 할 중요한 까닭을 일깨우고
아픔을 견디면서 살아야 하는 것까지 감사가 되게 하는

오히려
가신 이로 하여금
남아 있는 자가 힘을 얻고 위로받고 있습니다

침묵과 소리,
보고 있음과 볼 수 없음,
그것은

가신 이와 남은 이의 차이일 뿐
가신 이의 몫까지 잘 살아내야 할
특별하지 않아도 살아있음이 감사입니다

* 2024년 12월 29일, 무안국제공항 사고로 인한 희생자들의 명복을 빕니다.

박춘임 열두 번째 울림

혼자도 감사입니다

초판발행일 2025년 8월 15일

지은이 : 박춘임
발행인 : 김순진
편집장 : 전하라
디자인 : 김초롱
펴낸곳 : 도서출판 문학공원
등 록 : 2004년 3월 9일 제6-706호
주 소 : 우편번호 03382 서울 은평구 통일로 633
         녹번오피스텔 501호 스토리문학사
전 화 : 02-2234-1666
팩 스 : 02-2236-1666
홈페이지 : https://blog.naver.com/ksj5562
이메일 : 4615562@hanmail.net

※ 책값은 뒤표지에 있습니다
※ 저자와의 협의에 의해, 인지는 생략합니다.